MANFRED MÜLLER

AN TAGEN WIE DIESEN ...

Manfred Müller

AN TAGEN WIE DIESEN ...

Mit 24 Songs durch den Advent

echter

AN TAGEN WIE DIESEN ...

... schreibt man wieder mal bei 35 Grad im Schatten, mitten im Hochsommer, das Vorwort für einen Adventskalender. Das allein ist ja schon eine Herausforderung. Wenn man dann noch die tollen Layoutentwürfe vom Verlag geschickt bekommt, mit Schneelandschaften und Eisblumen am Fenster... spätestens dann bekommt das Ganze eine skurrile Note.

Aber Spaß macht es mir natürlich trotzdem. Während nebenan Kerstin und Jürgen ihrem Holzhaus einen neuen Anstrich verpassen, Marco den Rasen mäht, Clemens seinen Zaun streicht und meine Frau wieder mal den Kampf mit dem Unkraut in unserem eben erst neu angelegten Garten aufnimmt, sitze ich im Schatten der Nachbarsbäume und darf Ihnen erklären, warum es sich vielleicht lohnen könnte, dieses Buch zu lesen.

Weil...
... es mein Wunschbuch ist. Endlich konnte ich mein Lieblingsthema in Buchform bringen. Lieder, die man aus dem Radio kennt, denen man aber oft beim ersten Hinhören gar nicht anmerkt, was für tolle Botschaften darin stecken. Daraus wollte ich einen Begleiter für die Adventszeit machen, hintergründig und natürlich auch oft persönlich gefärbt.

... das Ganze auch Sie zum Nachdenken über diese besonderen 24 Tage bringen soll, die Jahr für Jahr wiederkehren, und vielleicht Jahr für Jahr hektischer zu werden scheinen.

... ein Impuls für jeden Tag einfach zum Weiterdenken anregen soll, ohne dass er mir eine übergroße Menge an Zeit abverlangt.

... darüber hinaus noch eine Dimension dazu kommt, die die Möglichkeiten dieses Buches übersteigt und erst komplett macht: Alle Lieder lassen sich leicht im Internet finden, anhören oder in Videos noch einmal ganz neu erleben; auch mal überraschend anders, als das Lied einem begegnet, aber immer als eine prima Ergänzung. Wenn es geht, sollten Sie sich das nicht entgehen lassen!

Zusammen mit der tollen Unterstützung durch das Team vom Echter-Verlag ist das hier ein Begleiter durch den Advent geworden, der Sie hoffentlich auf eine neue Art diese 24 Tage erleben lässt. Und dann natürlich das, worauf diese Adventszeit hinzielt:

ein gesegnetes und erfülltes Weihnachtsfest!

Von Herzen
Ihr Manfred Müller

12
2
1
16
4
15
5
ACHT
6
21
22
18
23
13
10
3

1 VON TAGEN WIE DIESEN UND DER SEHNSUCHT

Die Toten Hosen:
Tage wie diese

Eigentlich wäre es ja klasse, wenn es mir mit dem Advent genau so ginge wie den Toten Hosen mit der Vorfreude auf ihr neues Konzert. Da macht sich seit Wochen eine innere Unruhe, eine freudige Erwartung breit. Fast so, als ob es im Innern so eine Melodie gäbe; einen Rhythmus, der mich nach vorne zieht.

Aber wer von uns tanzt heute schon vor Freude über den Asphalt, weil der Advent wieder mal begonnen hat? Und doch ... wäre es nicht klasse, wenn es genau so in uns aussehen würde, wie es die »Hosen« (dass ich mit denen mal einen Adventskalender beginnen würde ...) in ihrem Song so genial auf den Punkt bringen? Wenn die Vorfreude auf das, was da kommen soll, mich in den nächsten Wochen so packen würde, dass man es mir ansehen könnte; aber vor allem: dass ich selbst es an mir merken könnte! Spüren, dass ich aufmerksamer bin auf mich selbst und die Anderen. Sehen, dass es aus mir strahlt, weil ich auf einem guten Weg bin. Erleben, dass Advent mehr ist als der typische Trubel der »Vorweihnachtszeit«; dass er eine erfüllte Zeit des Wartens ist.

»Tage wie diese« sind es, die uns zeigen, dass unser Leben viel mehr ist als nur eine langweilige Aneinanderreihung von Pflichten, eine Kette von »Du musst!«. In den nächsten Wochen gibt es vielmehr jede Menge »Du darfst«!

»Tage wie diese« können dann auch manchmal das Gespür wecken: So schön kann es sein, zu leben, zu erleben, zu entdecken!

Und dann kommt er vielleicht sanft und zaghaft auf, dieser kleine Wunsch tief drinnen: So schön könnte es eigentlich immer sein! Ein Gespür, eine Ahnung von Unendlichkeit. Dann hat man auf einmal »ewig Zeit«. Auch wenn unser »ewig« leider auf dieser Erde nur ein »ewig für heute« sein kann. Um wie viel mehr kann es ein wahnsinnig glücklich machendes »ewig« sein, das da mal noch auf uns zukommen könnte?

Weihnachten bringt uns dieses »ewig« greifbar nah; allerdings »nur« in einem kleinen Kind in einem einfachen Stall. Also auf, diesem Fest entgegen, in den nächsten »Tagen wie diesen«!

IMPULS FÜR DEN TAG: HEUTE FÜR EINEN KURZEN MOMENT DEN HAUCH EWIGKEIT SPÜREN.

N
S

2 SUCHEN UND (VIELLEICHT) FINDEN

U2: I still haven't found what I'm looking for

»Wer sucht, der findet.« Dieses Sprichwort, das sich im heutigen Sprachgebrauch fast verselbstständigt hat, ist schon 2000 Jahre alt. Ein gewisser Jesus aus Nazareth hat es gesagt. Aber im Lied der Weltstars der Band U2 geht es zunächst einmal nicht so glatt: »Ich habe das, wonach ich eigentlich suche, immer noch nicht gefunden.«

Bono, der Sänger von U2, ein religiöser Sucher und ein Mensch, der sich besonders für Arme und Bedürftige einsetzt, wirft so Manches in die Waagschale. Auf die Berge ist er hoch, über die Felder, auch raus aus der Stadt. Alles nur, um »bei dir zu sein«. Und dieses »bei dir« ist niemand anderes als Gott selbst, den er sucht. Wie im Psalm aus der Bibel, in dem der Betende Gott überall findet, wo auch immer er hin geht.

Und doch ist es anders, denn Bono sucht überall und findet Gott doch scheinbar nirgendwo. Er erlebt Liebe und Leidenschaft, scheint es mit Engeln und selbst dem Teufel (vielleicht eine schwere Erfahrung; Drogen oder ähnliches?) versucht zu haben: ohne Erfolg. Und obwohl er an ein Reich Gottes glaubt, das einmal kommen wird, und obwohl er an Jesus glaubt (oder geglaubt hat), sucht er noch immer.

Wonach suchen Sie? Wonach suche ich? Was ist das, was ich in meinem Leben (zu erreichen) suche? Wozu bin ich auf dieser

Welt? Warum habe ich gerade diesen Platz im Leben bekommen, an dem ich jetzt Tag für Tag mein Bestes zu geben versuche? Bin ich da, wo ich stehe, vielleicht so ein kleines Werkzeug von »dem da oben«?

Bischof Friedhelm Hofmann erzählt manchmal von einer Frau, die im Traum Gott für all das Schlimme in der Welt anklagt, und ihn fragt: »Warum tust du denn nichts dagegen?« Und sie bekommt zur Antwort: »Ich sehe das Leid, und ich habe etwas dagegen getan. Ich habe dich geschaffen!« Keine Hände als unsere Hände hat Gott, um heute aktiv zu werden, heißt es in einem Gebet.

Wer sucht, der findet ... seinen Platz, seine Bestimmung, seine Aufgaben. Nicht zu viel und auch nicht zu wenig, so, wie es für mich persönlich passt. Vielleicht würde auch der Sänger der Band U2 heute anders singen: »Now I've found, what I'm looking for« – Jetzt habe ich (endlich) gefunden, wonach ich so lange schon suche.

**IMPULS FÜR DEN TAG:
MIR HEUTE EINER AUFGABE BEWUSST WERDEN, DIE ICH IN MEINEM LEBEN ANNEHME.**

3 EINFACH NICHT VON DIESER WELT!

Xavier Naidoo:
Nicht von dieser Welt

Eine Offenbarung! So war es für mich; dass da einer hergeht und offen von seinem Glauben singt, und das auch noch im Radio, charttauglich und mit einem sagenhaften Erfolg. Was Xavier Naidoo mit diesem Lied losgetreten hat, verfolge ich bis heute mit großer Aufmerksamkeit. Mehrfach konnte ich ihn in Mannheim treffen, habe über ihn und Michael Herberger von den Söhnen Mannheims einen Einblick bekommen, wie Engagement für Bedürftige als gelebter Glaube aussehen kann.

»Nicht von dieser Welt« – wenn es etwas gibt, das scheinbar so absolut gar nicht von dieser Welt ist, dann muss es ja wohl dieses »verrückte kleine Ding namens Liebe« (vgl. Queen) sein. Wie sonst soll man sich das erklären? Und ich meine da gar nicht so sehr die rosarote Brille, durch die Verliebte sich sehen, die Schmetterlinge im Bauch, die alles Handeln durcheinanderwirbeln. Liebe – diese tiefe innere Sicht auf mich selbst, auf die Anderen, und letztlich auf alles um mich herum.

Weihnachten – das Fest der Liebe? Ja! Aber wenn marktschreierisch davon geredet wird, ist es meist nur ein Abklatsch dessen, was eigentlich gemeint ist. Liebe, die mich tief im Herzen trifft, die mich gegen jede innerweltliche Vernunft milde, geduldig, verständnisvoll, nachsichtig, annehmend auf andere zugehen lässt. Letztlich ist es diese

»Liebe, die mich am Leben hält«. Das klingt groß, und das ist es auch! »Nicht von dieser Welt« kann das nur sein. Und wenn ich das zulasse, zugebe, dass ich selbst eigentlich überhaupt nicht in der Lage wäre, so etwas ein Leben lang durchzuhalten – so ein Leben in und aus Liebe – dann bin ich auf einem guten Weg. Nicht auf einem Weg der Schwäche, sondern der Stärke.

»Die schönste Berührung zwischen dir und mir«, so umschreibt Xavier Naidoo diese Liebe. Das ist es dann auch, was wir weitergeben können, wenn wir es erst einmal uns selbst schenken lassen. Wenn ich nur aus mir selbst heraus, aus meiner eigenen Kraft alles und jeden lieben wollte, würde ich wohl bald unter dieser Last zerbrechen. Wenn ich mir aber zusagen lasse: »Gott ist Liebe«, dann bekommt das eine ganz eigene Dynamik in meinem Leben. »Nicht von dieser Welt«, aber doch mitten in dieser Welt!

IMPULS FÜR DEN TAG: HEUTE BEWUSST DEN ANDEREN IN LIEBE BEGEGNEN.

4 WOLKE 7 ODER LIEBER HIER?

Max Herre featuring Philipp Poisel: Wolke 7

Max Herre ist einer der besten Wortakrobaten, die es im deutschsprachigen Raum gibt. Dazu Philipp Poisel, der unfassbar einfache Melodien zaubert, so als hätte es sie schon immer genau so und nicht anders gegeben, man müsste sie nur einfach mal singen ...

Ein Traum – auf Wolke 7 schweben! Wer möchte das nicht? Verliebten wird so etwas nachgesagt. Vielleicht ist es auch der Traum vom weißen Sandstrand, vom großen Geld, von ...

Im Lied bekommt der große Traum plötzlich Fragezeichen: aus dem Kopf in den Wolken wird der Kopf im Sand; der Höhenflug bringt auch die Gefahr mit sich, dass man sich die Finger verbrennt; alles dreht sich. Aus dem Traum von Wolke 7 wird ein Albtraum.

Vielleicht kennen Sie auch diese Erfahrung. In einem ruhigen Moment, wenn der ganze Alltag mal schweigt, das Hamsterrad meines Lebens mal kurz anhält, frage ich mich: Wozu das alles? Wo ist in dem ganzen Erfolg noch meine Person, mein Leben, meine Lebendigkeit? »Dein Leben, doch für das Leben keine Zeit«, singt Max Herre. Wow! Und dann schließt er die Augen vor all diesen Fragen, weil es schwer ist, das alles zu ertragen.

Die Frage bleibt bestehen: Ist es das alles wert, dieses Leben auf Wolke 7?

Vielleicht lebe ich lieber ein paar Wolkenstufen drunter, oder gar ganz erdverbunden, mit beiden Füßen auf dem Boden, solide und fest verwurzelt. Ich brauche nicht diese Höhenflüge, nach denen andere lechzen, jeden Tag einen neuen Kick, weil sonst das Leben fade wird. Wenn ich aus den Nachrichten ansatzweise mitbekomme, welche Probleme Promis durch ihr ständiges Leben auf Wolke 7 mit sich herumschleppen, wie zerklüftet ihr Leben, ihre Beziehungen oft sind ... Ich muss nicht tauschen!

Was tun? »Es wär' so einfach, wenn's nicht so einfach wär'.« Noch so ein genialer Satz aus dem Lied! Es bräuchte gar nicht viel. Ab und zu ein bisschen Mut, sich rauszuziehen. Ab und zu ein bisschen Ruhe, ein wenig Abstand von alldem, was zu meinem Tageslauf dazu gehört. Nennen Sie es Meditation, nennen Sie es Gebet: eine Kraftquelle in meinem Alltag, die mich auftanken lässt. Und die viel mehr wert ist als ein ständiges Leben auf Wolke 7.

IMPULS FÜR DEN TAG: MIR HEUTE EINE KLEINE BEWUSSTE AUSZEIT NEHMEN.

PROD. NO.
SCENE
DIRECTOR
CAMERAMAN
DATE
PRODUCED

5 ECHT – NICHT MEHR UND NICHT WENIGER!

Glasperlenspiel: Echt

»Ich erwart' nicht viel von diesem Moment: ich will, dass er perfekt ist, dass er echt ist.« Na danke! Das soll nicht viel erwartet sein? Perfekt und echt soll es sein, das was ich erlebe. Das ist ja nun mal nicht wenig, und vor allem ist das nicht der Alltag.

Und doch ... irgendwie verstehe ich die beiden von der Band »Glasperlenspiel« auch. Im Fernsehen gibt es die Show »Die perfekte Minute«. In genau 60 Sekunden geht es darum, eine Aufgabe exakt zu lösen. Geschicklichkeit und Konzentration sind gefragt. Nur wenn alles zusammenpasst, kann es gelingen. Perfekt, vollendet soll es eben sein. Die Sehnsucht nach dem Perfekten, dem, was uns rundum glücklich macht, was keine Fragen mehr offen lässt, was einfach genau so ist, wie wir es uns wünschen.

Eine Show wird es nicht sein, was uns diese Momente bringt. Aber es gibt sie vielleicht doch auch schon jetzt und hier, diese echten und perfekten Momente. Als ich bei der Geburt unserer beiden Kinder dabei war, und zum ersten Mal in diese neugierigen Augen schauen konnte, die mich so fragend angesehen haben: Das war so ein perfekter Moment! Als ich beim Sterben eines guten Freundes der Familie dabei sein konnte ... ja, auch das war so ein Moment! Beide Momente waren echt, weil sie mich mit einer Urerfahrung des

Lebens in Berührung gebracht haben: Leben entsteht, und Leben geht. Und so waren es auch perfekte, dem Wortsinn nach »vollendete« Momente. Denn in diesem Moment war nichts, aber auch gar nichts anderes wichtig. Kein Gedanke ging irgendwo anders hin, kein Gefühl, das nicht gepasst hätte in diesem Augenblick.

Zugegeben: Es werden nicht allzu viele dieser Momente sein in unserem Leben. Fast möchte ich sagen: Gott sei Dank! Denn allzu viel von dieser tiefen, packenden Erfahrung wäre wohl auch kaum auszuhalten.

In diesem Moment glaube ich, dass es einen Vorgeschmack vom Himmel für uns gibt. In diesem Moment, das glaube ich, sind Himmel und Erde, Gott und Mensch sich ganz besonders nah. Perfekt, echt. Das gibt mir dann auch wieder Kraft für die »ganz normalen« Erfahrungen des Alltags. Und wer's nicht glaubt, ist selber schuld!

**IMPULS FÜR DEN TAG:
HEUTE AN EINEN ECHTEN MOMENT DENKEN, DEN ICH SELBST ERLEBT HABE.**

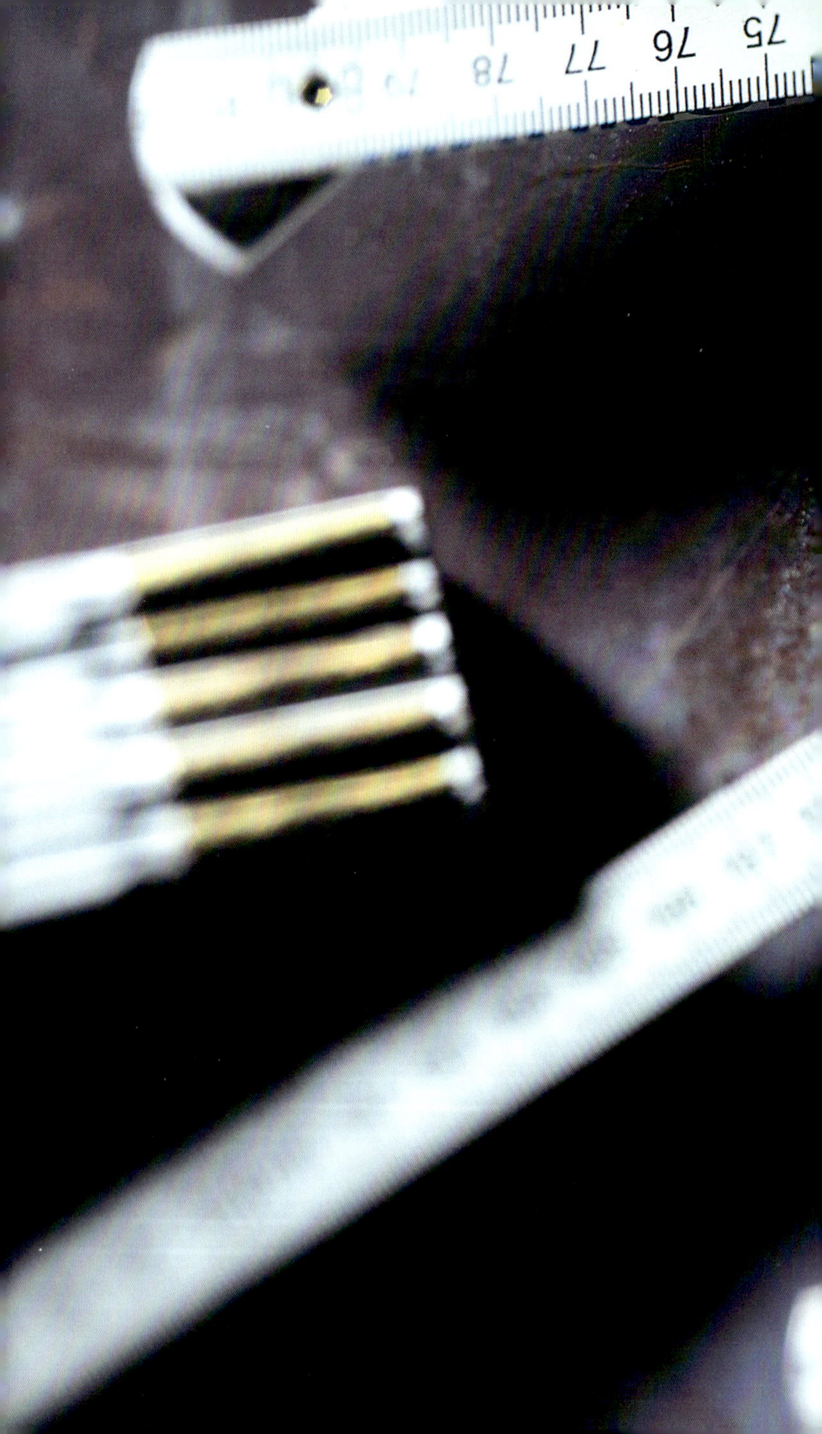
75 76 77 78

6 DER HIMMEL UND SEINE PLÄNE

Swedish House Mafia: Don’t you worry child

Vorweg mal das: Auch dieses Lied handelt, wie so viele, von der Liebe und von Beziehung. Hier auch wieder mal von einer zerbrochenen Beziehung. Und darauf bezieht sich wohl auch zuerst der Titel des Liedes. Der Vater sagt dem Sohn: »Mach' dir mal keine Sorgen ...« Das hat mir mein Vater übrigens auch gesagt, nach der ersten Beziehung, die nicht gehalten hat. Und, dass andere Väter auch schöne Töchter hätten ... stimmt irgendwie, nur will man das in so einem Moment nun mal nicht hören.

Nun geht der Satz, den der Vater sagt, im Lied aber weiter: »Mach' dir keine Sorgen, mein Kind. Schau, der Himmel hat einen Plan für dich!« Oha! Nur ist es als junger Mensch vielleicht gar nicht so einfach, diesen Plan zu verstehen, geschweige denn erst einmal einfach so daran zu glauben, dass Gott schon was mit mir vorhaben wird ...

Und dann stellt sich doch im Laufe meines Lebens so allmählich die Gewissheit ein: da könnte ja wirklich ein Plan dahinter stecken, wie mein Leben so abläuft. Da gibt es jede Menge Weggabelungen, an denen ich so oder auch anders hätte gehen können. Entscheidungen von mehr oder weniger großer Tragweite. Manche aber eben wirklich grundsätzlich: meine Entscheidung für eine Lebensform; meine Studiums- und Berufswahl; meine Entscheidung für meine Frau, für unsere Kinder. Und ich frag' mich in all den Jahren immer wieder: Natürlich hab' ich mich selbst entschieden, gut. Aber steckt nicht hinter dem ganzen doch auch eine Führung, eine Begleitung, eine Wegweisung, die mich letztlich dahin gebracht hat; zu dem Menschen hat werden lassen, der ich heute sein kann?

»Keine Angst, mein Kind. Der Himmel hat schon einen Plan für dich!« Faszinierend und auch ein bisschen beängstigend, dass es scheinbar wirklich so ist! Und wenn ich ehrlich bin ein Grund, ab und zu einfach dankbar zu sein. Denen, die da um mich herum sind und ohne die ich nicht sein möchte. Und auch dem, der mir diese Zusage macht: »Keine Angst!« Offensichtlich weiß er wirklich, was er mit mir vorhat. Warum auch immer das so ist.

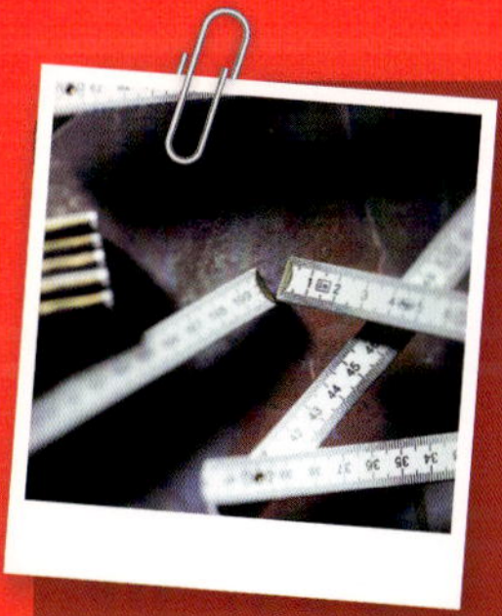

**IMPULS FÜR DEN TAG:
HEUTE EINEN MOMENT
ÜBER DEN PLAN GOTTES
FÜR MEIN LEBEN
NACHDENKEN.**

7 VON EINEM, DER AUSZOG DIE WELT ZU RETTEN ...

Tim Bendzko: Nur noch kurz die Welt retten

Süß ist er ja, der blonde Lockenkopf, der sich vor einigen Jahren aufmachte, die Hitparaden zu stürmen. Immer auf Achse, immer beschäftigt. Er müsse eben mal »kurz die Welt retten«. Wer weiß schon, was dann noch passiert. Und dazu muss er auch wahlweise erst mal seine Mails checken, 148 oder auch mal 148.713, was eben so anfällt.

Vielleicht kommen Ihnen auch gleich die Bilder aus dem Film »Bruce Allmächtig« in den Kopf, der als Gottes Stellvertreter auf Zeit Millionen von Mails am PC zu bewältigen versucht – Gebete über Gebete, ein wahrer Gebetssturm im Mail-Format.

»Da draußen brauchen sie mich jetzt«, meint Tim Bendzko. Vielleicht komme ich mir auch manchmal so vor. Alles brummt um mich herum, ich muss machen und tun, was ich kann. Irgendwie scheint sich die ganze Welt um mich zu drehen. Und dann fühlen wir uns wie kleine Weltenretter, kleine Helden des Alltags; wie kleine Agenten in geheimer Mission.

Naja, Mails checken, vielleicht mit so atemberaubenden Inhalten wie »Was machst'n gerade?« oder irgendwelchen Smileys, das hat noch selten die große Weltgeschichte bewegt.

Aber Tim Bendzko überdreht so herrlich, dass er uns eigentlich mit einem Augenzwinkern genau das sagen will:

Nimm dich mal nicht ganz so wichtig. Mach mal halblang. Schnauf' mal durch. Und glaub' bloß nicht, von Dir allein hängt das gesamte Heil der Welt ab.

Wobei es natürlich im Kleinen vielleicht gerade bei mir seinen Ausgang nehmen kann – dieses Heil der Welt. In meinem Umfeld bin ich, gerade ich, ein Stück meiner kleinen großen Welt, ein wichtiges Rad im Getriebe. Und nur auf dieses kleine Rädchen, auf das, was ich auf die Beine stelle oder nicht, habe ich eigentlich wirklich Zugriff.

So gesehen ist es auch schon wieder ganz o.k., wenn ich ab und zu mit dem Gefühl an die Sache gehe: Heute muss ich mal eben kurz die ganze Welt retten.

Nur wer Großes vorhat, kann Großes bewegen; auch und gerade in den ganz kleinen Dingen des Alltags.

**IMPULS FÜR DEN TAG:
HEUTE EINE KLEINE SACHE
IN MEINER WELT AUF DIE
REIHE BEKOMMEN.**

8 ALLES HAT SEINE ZEIT …

Roger Cicero:
In diesem Moment

Ich muss unweigerlich an die Passage aus dem Buch Kohelet im Alten Testament denken. Alles hat seine Zeit. Und da folgen dann nicht nur die schönen Dinge, die wir gerne hören würden, sondern auch Worte wie Krieg, Klage, Zerreißen, Hassen. Auch das bekommt scheinbar seine Zeit. Ob es damit auch sein Recht bekommt?

Roger Cicero ist eine der schönsten Stimmen, die unsere deutsche Musik derzeit hat. In einer unvergleichlichen Art erzählt er Texte voller Poesie. Auch hier im Lied hat alles seine Zeit: Sonnenaufgänge und Liebeslügen, Hoffnungen und Mitleid, Sommer und Herbst, Geboren werden und Sterben. Und hinter alldem steht wohl die Erfahrung, einen Menschen hergeben zu müssen, den man doch noch so gerne bei sich halten wollte. »Und als einer von Millionen steh ich hier und schau' nach oben« Und er sucht nach der Verbindung zu dem oder der Verstorbenen.

In diesen Tagen des Advent gibt es sicher bei jedem und jeder von uns auch einmal den Gedanken an einen lieben Menschen, der letztes Jahr noch bei uns war. Und vielleicht geht auch unser Blick in solchen Momenten instinktiv nach oben, zum sichtbaren Himmel, hinter dem wir den unsichtbaren Himmel erahnen, erhoffen, ersehnen, für die, die wir hergeben mussten.

In diesem Moment wird auch am Sterbebett gelacht, singt Roger Cicero. Ich habe einmal erlebt, wie eine Familie kurz vor dem Tod der Mutter am Sterbebett ein Foto aufgenommen hat, das eine glückliche und laut lachende Familie zeigt. Auch das ist eine Seite des Lebens – die Seite des Abschiednehmens, in der sich eigentlich auch so viel von der Art zu leben widerspiegelt.

Das Gefühl, »dass du g'rade hier bist«, dem Verstorbenen manchmal sehr nahe zu sein, kennen sicher auch viele. Und es ist wohl ein Gefühl, dem wir trauen können. Viel mehr gibt es zwischen Himmel und Erde, als wir uns vorstellen und begreifen können. Die Verbindung zu denen, die wir auch in dieser Adventszeit im Herzen tragen, ist so stark, dass wir auch in diesen besonderen Momenten ein Stück Wirklichkeit erfahren – auch ein Vorgeschmack von Weihnachten.

IMPULS FÜR DEN TAG:
HEUTE AN EINEN LIEBEN VERSTORBENEN DENKEN; ZEIT ZUM WEINEN, LACHEN ...

9 WORAUF WARTEN WIR EIGENTLICH NOCH?

Nickelback: What are you waiting for?

Eine oft gebrauchte Redewendung: Worauf warten wir eigentlich noch im Advent? Advent – Zeit des Wartens? Warten wir wirklich noch auf die Ankunft (lateinisch: adventus) an Weihnachten? Wer oder was kommt da an? Warten wir auf die Ankunft des Paketboten, der hoffentlich gerade noch rechtzeitig im letzten Moment die Last-Minute-Geschenke bringt? Oder dass endlich einmal Stille einkehrt, wenigstens einmal im Jahr? Oder ... worauf warten wir eigentlich?

Und damit sind wir beim Lied von Nickelback, einer Band, die zugegeben musikalisch nicht sehr abwechslungsreich daherkommt, wie mancher Leser sicher denken mag; die aber in ihren Texten jede Menge Tiefgang mitbringt. In einem anderen Song fragen sie beispielsweise: »Wenn heute der letzte Tag in deinem Leben wäre, was würdest du tun?« Und hier nun eben: Worauf wartest Du, worauf warten Sie? Dass der Blitz einschlägt (was höchst selten vorkommt)? Dass endlich der richtige Augenblick kommt (Wofür? Und gibt es den überhaupt jemals, den richtigen Augenblick?). Suchst du nach der richtigen Ausrede (um dich nicht entscheiden zu müssen)? Oder wartet du auf das entscheidende Zeichen, wie du dich entscheiden sollst (und wartest und wartest)?

Was gibt es denn für Alternativen? Nickelback nennt da einige: die Flügel ausbreiten und fliegen; lernen, mit Angst umzugehen; dein Leben leben; lieben.

Wer gar keine Entscheidungen trifft, aus Angst davor, einen Fehler zu machen, macht nichts falsch... aber eben auch nichts richtig. Wer nichts riskiert, dem geht es wie dem Diener mit dem einen Talent im Gleichnis: nichts angepackt, nichts verloren... und auch nichts gewonnen. Null Bewegung. Und das wäre Jesus dann doch zu wenig gewesen. Also: Warten wir auf Weihnachten, dann warten wir darauf, dass Gott in unserem Leben seinen Platz bekommt. Nehmen wir uns dafür noch ein paar Tage Zeit, aber dann... sollten wir aus dieser Situation auch was machen: leben mit diesem Gott; es versuchen, es riskieren. Wie heißt es in einem Werbespot passend: »Ich bin doch nicht auf der Welt, um mit Helm auf dem Sofa zu sitzen!«

IMPULS FÜR DEN TAG: HEUTE SCHON WEIHNACHTEN PLANEN: WAS IST MIR WICHTIG AN DEN FEIERTAGEN?

10 FUSSBALL-WM UND EIN LIED FÜR DIE EWIGKEIT

Andreas Bourani:
Auf uns

Für die Ewigkeit ... So hört man zumindest immer wieder die Einschätzung, wenn über das Lied »Auf uns« von Andreas Bourani und die Fußball-WM 2014 geredet wird. »Wer friert uns diesen Moment ein?« Den Moment, in dem unser Mario zum Super-Mario wird und den 1:0 Siegtreffer schießt. Was für ein Jubel, bei uns im Wohnzimmer und auf der ganzen Welt!

Eigentlich schreibt Bourani sein Lied für seine besten Freunde. In dieser Runde, in der alles passt, kommt ihm die Idee für die Zeilen, die so viel an Zusammenhalt ausdrücken, viel mehr, als es vielleicht unter Fußball-Millionären zu spüren ist, die einem goldenen Pokal nachjagen.

Was zeichnet die Freunde aus, denen der Sänger mit diesem Lied ein musikalisches Denkmal setzt? Sie teilen Freude und Tränen, gehen füreinander durchs Feuer, lassen niemanden im Regen stehen. Dann entsteht so ein Gefühl, als hätte man Flügel. So ein Tag, so wunderschön wie heute, ist dann fast ein Tag, wie man sich die Unendlichkeit vorstellt. Ein Augenblick, der eine Ahnung von Unsterblichkeit gibt, wie Bourani singt. Und das alles schon jetzt, nur durch das, was wir in unseren begrenzten menschlichen Möglichkeiten erleben können. Um wie viel mehr muss uns das packen, erfüllen und innerlich reich machen können, was da wohl noch auf uns zukommen kann? Viel mehr als das »Feuerwerk an Endorphinen«, das wir hier schon immer wieder spüren: beim entscheidenden Tor, beim erlösenden Schlusspfiff. Das finale Feuerwerk muss es einmal ganz besonders in sich haben, soviel scheint festzustehen.

Ein Hoch auf uns ... wenn wir wieder mal was geschafft haben, durch Kreativität und Teamgeist, durch kluge Köpfe, talentierte Denker und Lenker, die ihre Fähigkeiten für alle einbringen. Durch Anpacker und Schaffer, durch Ideengeber und Tüftler, durch Mitmacher und »Vorturner«. So wie's der Herrgott gegeben hat. Was so, in einer starken Gemeinschaft alles möglich wird, ist immens. Vielleicht noch nicht ganz unendlich, aber wenn's gelingt ein guter Vorgeschmack.

IMPULS FÜR DEN TAG:
HEUTE EINEM FREUND / EINER FREUNDIN SAGEN, WIE WERTVOLL ER / SIE IST.

11 WÜNSCHEN ODER LIEBER DOCH NICHT?

Genetikk: Wünsch dir was

Stilecht kommt der Text über die neuen deutschen Rapper von Genetikk als Sprechgesang daher. Viel Spaß beim Nachrappen!

»Das Leben ist kein Wunschkonzert,
doch jedes Leben ist ein Wunderwerk.«
So lautet der Refrain in diesem Lied,
und wenn man gut hinsieht, wird man seh'n
und versteh'n:
Heut' muss es um ernste Themen geh'n.
Unser Konsum trifft die Menschen
in der Dritten Welt, denn für Geld
wird manche Logik auf den Kopf gestellt;
und mancher Traum vom Luxus
und der großen Yacht,
ist schnell zu Ende gebracht, denn andre
haben längst schon ausgelacht:
Sie sind auf der Flucht vor Krieg
und Folterqualen,
und bezahlen
das noch mit ihrem Leben,
wenn wir ihnen nichts abgeben,
von dem Überfluss,
den man doch teilen muss;
anstatt mit immer neuen Gütern
unsern Hunger zu still'n,
»nicht alles, was wir haben wollen,
sollte sich erfüll'n«.
Wenn wir es wissen, ja dann gibt es kein
Wegschau'n mehr, es ist nicht so schwer,

sich vorzustellen, dass man selbst es wär',
der da auf der Flucht ist, arm oder obdachlos,
und die Not und die Kälte wär'n für mich
auch riesengroß.
Also packen wir's an,
jeder wo er kann, einfach ran,
was getan ist, ist getan.
Was wir dem Geringsten tun,
haben wir für Gott getan,
sagt der, der es wissen muss,
also Schluss mit lustig.
»Und die Moral von der Geschichte:
Wir sind gierig und das ist, was uns vernichtet.
All unsere Wünsche kosten Seelen
Es sind schon mehr als die Sterne,
wer kann sie zählen?«

Es schadet nicht, in dieser Zeit auch ganz bewusst von dem abzugeben, was wir (zumindest die meisten von uns) durchaus reichlich zum Leben haben. Warum also nicht heute gleich damit anfangen?

**IMPULS FÜR DEN TAG:
HEUTE EINE UNTERSTÜTZUNG
FÜR EINE GUTE SACHE KLAR
MACHEN. YO!**

12 WAS AUS DEM HEUTE MORGEN WERDEN KANN

Alexa Feser: Das Gold von morgen

Alexa Feser – eine der tollen und neuen deutschen Stimmen. Durch den Vorentscheid für den Eurovision Song Contest 2015 kommt da eine Frau am Klavier zum Vorschein, mit einem Lied, das für mich ganz große Poesie ist und eigentlich Wort für Wort hier abgedruckt werden müsste.

Wer kennt nicht solche Tage, an denen man schon früh am morgen den Kopf voller Aufgaben und Vorgaben hat, und eigentlich gar nicht die Kraft spürt, das alles zu bestehen. »Nichts gelingt ... und alles soll« doch gelingen, klappen auf Kommando, auf Abruf. Und so manches geht dann auch schief, überfordert mich, enttäuscht mich, zwingt mich in die Knie. »Das Leben hat 'ne Eisenfaust«, oh ja, manchmal ist das wirklich so. Und dann? Wenn das Leben dich »niederstreckt«, und du das Gefühl hast, mit dem Gesicht voran im Dreck zu liegen ... dann fang an! »Fang an zu graben, denn dort ist es verborgen. Genau da findest du das Gold von morgen!«

Es wird wohl immer so sein, dass es diese Tage gibt. Und wenn ich mal wieder denke: jetzt läuft es aber einfach nur noch wie am Schnürchen ... und mir dann auch noch einbilde, das würde zu einem nicht unerheblichen Teil bestimmt an mir selbst liegen ... dann legt es mich meistens wieder ganz schnell auf die Nase.

Aber wie kann ich das schaffen, im Dreck, in den ich – Gesicht voraus – gefallen bin, das zu entdecken, was das Lied so herrlich fantasievoll beschreibt: das Gold von morgen? Vielleicht, indem mich jemand hochhebt, so wie es Jesus damals mit der Sünderin gemacht hat, die sie schon fast mit Steinen erschlagen hätten. Hochheben, aufrichten – und auf Augenhöhe beim anderen sein. Wenn mir das jemand schenkt, kann ich selbst auch wieder nach dem Gold von morgen suchen. Wenn mir jemand den Mut gibt, auf meinen eigenen Beinen zu stehen, weiterzugehen – dann kann ich selbst auch wieder Gutes sehen, Pläne fassen, Ziele angehen. Alles auf der Suche nach meinem ganz persönlichen Gold von morgen.

**IMPULS FÜR DEN TAG:
HEUTE MIR ÜBER EIN »GOLD VON MORGEN« IN MEINEM LEBEN KLAR WERDEN.**

13 MUND ZU, OHREN AUF UND GUT HINHÖREN!

Söhne Mannheims: Vielleicht

Die Söhne Mannheims wurden 2001 meine Leidenschaft. Für die Zulassungsarbeit zur 2. Dienstprüfung als Pastoralassistent hatte ich mir die Musik, die Texte und das soziale Engagement der Band und ihres Kopfes Xavier Naidoo ausgesucht. Michael Herberger, der musikalische Macher der »Söhne«, hatte mir innerhalb von zwei Wochen unkompliziert ein Interview gegeben. Seitdem sind die Söhne Mannheims ein Stück meines Lebensweges geworden, der Kontakt besteht noch immer.

Das Lied »Vielleicht« ist eben nicht, was man oft so erwarten würde, wenn Religion und Glaube in der Popmusik zum Thema gemacht werden. Es ist kein »Hau-drauf-Lied«, keine Missionierung, die Dir das Messer auf die Brust setzt.

»Ich schätze jeden Glauben hoch« und verstehe auch, wenn jemand mit dem Glauben hadert, zweifelt, Gott fragt und sucht. Warum aber gibt es Menschen, die aus einem religiösen Fanatismus heraus denken, sie müssten für diesen Glauben mit allem eintreten, was sie haben; ja sogar Krieg und Gewalt als legitimes Mittel zum Ziel betrachten?

»Vielleicht« ... hören sie nicht richtig hin, was Gott ihnen in ihrem Leben zu sagen hat.

»Vielleicht« ... sehen sie auch nicht gut, was er uns im Leben an Staunenswertem täglich vor Augen stellt.

»Vielleicht« ... fehlt ihnen einfach der Sinn dafür, das Gespür, die Antennen, um seine sanften Hinweise empfangen zu können.

»Vielleicht« ... fehlt ihnen aber auch einfach der Mut, sich darauf einzulassen, weil es nicht jeder um sie herum verstehen wird.

»Alles was zählt, ist die Verbindung zu dir, und es wäre mein Ende, wenn ich diese Verbindung verlier'«, singt Xavier voller Leidenschaft in den höchsten Tönen. Ja, und es ist auch hier wie mit allen Verbindungen, Beziehungen, die wir kennen in unserem Leben: Sie müssen gepflegt, lebendig gehalten werden, sonst verkümmern sie.

»Vielleicht« ist auch dieser Weg durch den Advent ein Weg, der mich wieder näher an den heran bringt, wegen dem wir das Ganze ja überhaupt erst feiern.

Kontaktaufnahme erwünscht! »Es wäre mein Ende, wenn ich diese Verbindung verlier'!«

IMPULS FÜR DEN TAG: HEUTE EINEN MOMENT DER STILLE FÜR GOTT EINPLANEN.

14 DAS LIEBE MÄDCHEN VON NEBENAN UND DIE ABRISSBIRNE

Miley Cyrus: Wrecking Ball

Achtung, mit diesem Lied haben Sie hier mit Sicherheit nicht gerechnet. Also bitte Vorsicht!

Destiny Hope Cyrus, geboren 1992. »Schicksal und Hoffnung«, was für zwei Vornamen für ein junges Mädchen, das sich später in Miley Cyrus umbenennt und als Serienstar »Hannah Montana« zum jugendlichen Weltstar wird. Dass man da leicht überschnappen kann, ist nur zu verständlich. Dass man sich irgendwann freischwimmen will, mal eine ganz andere Seite von sich zeigen mag als das brave Mädchen von nebenan, ist auch klar. Und so setzt sie sich ohne Bekleidung auf eine Abrissbirne, die im Video Wände zerdeppert. Besorgte Großeltern werden ihr zurufen: »Mädchen, zieh' dir was an, du holst dir doch 'ne Erkältung!«

Das alles passt zu diesem mittlerweile 22-jährigen, ewigen Kinderstar, der sie nicht mehr länger sein will: »Ich bin hier hereingebrochen wie eine Abrissbirne!«

Wenn auch im Lied in eine Liebesgeschichte verpackt, spiegelt es doch die ganze Lebenssituation der ehemals süßen kleinen Miley. Ein Befreiungsschlag mit harten Bandagen, ein Skandal, ein Schrei. Und irgendwie schafft sie es dann doch, die Mauern, die dieses Kinderstar-Image um sie gebaut hat, auf unsanfte, aber deutliche Art und Weise einzureißen. »Ich hatte das ja nie so vor!« Ich wollte nicht mit Gewalt alles auf den Kopf stellen. Ja, ich weiß, es war vielleicht falsch. Und trotzdem ... und wieder kracht die Abrissbirne in die Mauer!

Den eigenen Weg gehen, meinen eigenen Weg finden, geprägt von dem, was mich groß gemacht hat, aber trotzdem nach meiner eigenen Überzeugung, nach meinen Ideen; so, wie ich ihn für richtig halte. Auch wenn andere meinen, dass es so nicht gut für mich ist, dass man doch von mir etwas anderes erwarten könnte, dass man so was nicht macht, und überhaupt und sowieso ...

Es ist nicht leicht und braucht wohl auch viel Kraft, eine Grenze zu überschreiten, sich freizuschwimmen; oder um im Bild von Miley Cyrus zu bleiben: sich freizuboxen, den Weg frei zu machen, Mauern einzureißen, die mich einsperren. Manchmal braucht es dazu vielleicht eine Abrissbirne.

**IMPULS FÜR DEN TAG:
HEUTE ÜBER EINE SACHE NACHDENKEN, VON DER ICH MICH FREI MACHEN MUSSTE IN MEINEM LEBEN.**

15 O HEILAND, REISS DIE HIMMEL AUF …

Silbermond: Himmel auf

»O Heiland, reiß die Himmel auf« – an dieses bekannte Adventslied musste ich sofort denken, als ich den Song von Silbermond zum ersten Mal gehört habe. Was das bedeutet? Die Hoffnung, dass der Himmel sich öffnet, dass Weihnachten Himmel und Erde verbindet, dass Segen und Frieden von Gott quasi aus den Wolken fließen, so wie »sanfter Regen auf die Felder« fällt (wie es in einem irischen Segenslied heißt).

Die Band fasziniert in ihrem Musikvideo zum Song dadurch, dass sie nur den Refrain singt: »Wann reißt der Himmel auf ... auch für mich, auch für mich?« Dazwischen kommen Menschen wie du und ich zu Wort, denen man die Frage gestellt hat: Was ist Glück?

Einige der Antworten:

- kann man kaum beschreiben
- was Gutes
- kommt so von ganz unten hoch
  und dann ist da so ein Jubel
- dass man das Lachen nicht verliert
- Zufriedenheit
- Frieden
- als die Mauer fiel
- das ist ganz bestimmt nicht Geld
- eine ordentliche Arbeitsstelle
- wenn man seine Rechnungen bezahlen kann
- zu wissen, dass ich gebraucht werde

- menschlich sein
- wenn ich jemanden habe, der mich liebt
- kein Streit
- wenn meine Tochter noch leben würde ...
- einen besten Freund zu haben
- wenn mein Herz lacht
- an so einem Tag wie heute hier stehen zu können
- ja, Glück ist einfach, zu leben

Auch der Songtext handelt eigentlich von dieser Suche nach dem kleinen Glück im Leben. »Ist nicht irgendwo da draußen 'n bisschen Glück für mich? Irgendwo ein Tunnelende, das Licht verspricht?«

Was ist mein persönliches Glück im Leben? Was sind die Momente, in denen ich »gelucke« (ein frühes Wort für Glück, von dem das englische »luck« abstammt) habe: dem Wortsinn nach »eine gute Art, wie etwas ausgeht«? Wann geht's für mich gut aus?

IMPULS FÜR DEN TAG:
HEUTE FÜR EINE SACHE DANKEN, DIE IN MEINEM LEBEN GUT GEGANGEN ODER GUT AUSGEGANGEN IST.

16 VOM WERT DES LEBENS IN ALL SEINEN FACETTEN

Unheilig:
Geboren, um zu leben

Wieso nennt sich ein Künstler Unheilig? Weil er selbst sich zwar als sehr religiös einschätzt, aber keiner festen Religion angehört. Die Texte und Lieder, aber auch das großartige soziale Engagement, all das macht »den Grafen« von Unheilig zu einem besonderen Stern am deutschen Musikhimmel. Dass er jetzt, fast auf dem Zenit seines Erfolges, in den musikalischen Ruhestand geht, ist schade, aber wird seine Stellung noch untermauern.

»Geboren, um zu leben« schreibt er für seinen verstorbenen Freund. Und doch ist es ein Lebenslied. »Wir waren geboren, um zu leben, mit den Wundern dieser Zeit!« Was für eine schöne Zeile. Leben mit all den kleinen und großen Wundern, die wir täglich um uns und in uns erleben dürfen. Das allein ist eigentlich das größte Geschenk, das wir bekommen haben. Den Tod seines Freundes sieht der Graf aber nicht als Ende (»sich niemals zu vergessen bis in alle Ewigkeit«), sondern als Auftrag und Wegweisung für sich selbst: »Ich sehe einen Sinn, seitdem du nicht mehr bist, denn du hast mir gezeigt, wie wertvoll mein Leben ist.«

‚Memento mori' (»Bedenke, dass Du sterblich bist«) nennt sich die Weisheit, die aus dem Wissen, dass mein Leben endlich ist, dieses Leben gestaltet. Das mag auf den ersten Blick vielleicht Angst machen oder befremdlich sein, muss es aber gar nicht. Wenn ich in diesem Wissen mein Leben gestalte, kann mir das eine viel größere Tiefe und Bewusstheit bringen, als wenn ich immer nur in den Tag hinein lebe, ohne den Blick für andere und ohne den Blick für das, was um mich herum vor sich geht. Nicht ohne Grund sagt uns jeder Aschermittwoch mit der Auflegung der Asche auf das Haupt: Bedenke du bist Staub ... oder auch: Kehr um!

Advent war früher auch eine Fasten- und Bußzeit. Das hatte insofern einen Sinn, als diese Zeit uns ganz bewusst auf die grundlegenden Dinge unseres Lebens hinweisen will. Die Vorbereitung auf ein wichtiges Ereignis passiert eben nicht so im Vorbeigehen.

Sie und ich, wir sind »geboren um zu leben.« Oder mit Jesu Worten: »Ich bin gekommen, damit sie das Leben haben, und es in Fülle haben!«

IMPULS FÜR DEN TAG:
HEUTE ÜBER EINE SACHE IN MEINEM LEBEN NACHDENKEN, DIE MIR TIEFGANG GIBT.

17 ICH NEHME DAS HERZ VON STEIN AUS EURER BRUST …

Sido feat. Mark Forster: Einer dieser Steine

Wenn man Sido für so ein Buch auswählt, muss man schon genau hinhören und lesen, was von ihm vorzeigbar ist und worauf man besser verzichten sollte. Er, der aus der Aggro-Berlin-Szene kommt, macht im Laufe der Jahre ein feine Wandlung durch. Paul Hartmut Würdig wird langsam würdig, über ihn zu schreiben. Das Leben ändert ihn, seine Kinder machen ihn nachdenklicher. Und sinnigerweise schimpfen die Kritiker über diese neuen Songs, die inhaltlich auf einmal sehr viel Tiefgang bekommen, weil sie zu wenig »Aggro« daherkommen.

Zusammen mit Mark Forster bringt Sido im melancholischen Sprechgesang eine tiefe Lebenserfahrung auf den Punkt: »Bevor du kamst, war ich nur einer dieser Steine«; einer, der wie die Steine am Meer herumlag, ohne groß beachtet zu werden. Dieser Satz, diese Erfahrung wird der Ausgangspunkt für die komplette Platte, sagt Sido. Durch die Liebe eines Menschen erfährt er, dass er besonders ist, denn »manche Steine muss man lediglich schleifen«, damit man ihre Schönheit erkennt. Er findet einen »großen warmen Platz« im Herzen seiner Frau. »Ich war kalt, ohne Heimat und alleine; bevor du kamst war ich nur einer dieser Steine.« Im Video zum Lied wird der versteinerte Sido aufgebrochen, und das Leben kommt neu in ihn zurück.

Und was steht für mich dahinter? »Die Liebe, die mich am Leben hält« (Xavier Naidoo; vgl. Kapitel 3). Ohne sie wäre eine solche Erfahrung wie die des Rappers Sido gar nicht möglich. »Keiner braucht mich mehr zu retten. Das hast du schon getan, indem du kamst.« Das kann ich genauso im Blick auf Gott sagen. An Weihnachten wird das greifbar!

Der Prophet Ezechiel machte schon vor tausenden von Jahren diese Erfahrung im Blick auf Gott, wie sie Sido heute für sich macht: »Ich schenke euch ein neues Herz und lege einen neuen Geist in euch. Ich nehme das Herz von Stein aus eurer Brust und gebe euch ein Herz von Fleisch.« (Ezechiel 36,26)

Es ist manchmal gar nicht so schwer, den göttlichen Funken in unserem Leben zu entdecken, wenn ich mich auf das besinne, was mein Leben wirklich ausmacht.

IMPULS FÜR DEN TAG: HEUTE EINEN BESONDEREN STEIN SUCHEN UND BIS WEIHNACHTEN AUFBEWAHREN.

18 FEUER, FEUER! ES KÖNNTE HEISS WERDEN …

James Blunt:
Bonfire Heart

Es braucht nur jemanden oder etwas, um den Funken in meinem »Freudenfeuer-Herzen« zu entzünden! So ähnlich singt es James Blunt. Wobei es bei ihm natürlich ein »jemand« ist ... wieder ein Liebeslied. Daraus aber hier nur ein Motiv heute, das genügt:

Jeder will eine Flamme, aber keiner will sich die Finger verbrennen ... So würde ich es frei wiedergeben. Wörtlich übersetzt ist es sogar noch drastischer: keiner will verbrannt werden.

So ist das also. Mit dem Feuer spielt man nicht, das wissen schon die kleinen Kinder. Und trotzdem hat es gerade darum einen fast magischen Reiz, es doch zu tun.

Feuer und Flamme sein für etwas, das geht in meinem Leben nur, wenn ich mich da ganz hinein gebe. Das geht mir beim Fußball so, kann auch bei guter Musik der Fall sein. Aber das betrifft noch viel mehr Bereiche in meinem Leben. Meine Frau und meine Kinder – ganz oder gar nicht! Meinen Glauben (hoffentlich ist mir das auch geschenkt!) – ein Leben lang durch dick und dünn.

Wenn es mich packt im Innern, wenn mich das Feuer packt, dann gibt es kein Halten mehr. Und vor allem kein Zurück. James Blunt beobachtet sehr gut, wenn er feststellt:

Nun ja, ein bisschen Feuer, ein bisschen Wärme, ein bisschen Begeisterung, das will wohl jeder. Aber nur nicht zu viel, nur nicht die Finger verbrennen, nur nicht gepackt werden von dem, was mich da im Innersten so tief bewegt.

Meine Damen und Herren: Das geht nicht! Wenn ich immer nur mit angezogener Handbremse fahre, dann wird das nie was. Wenn ich mich ganz in eine Sache rein gebe, kann das natürlich auch weh tun, ja. Aber ich erlebe auch die Freude, die Erfüllung dabei viel tiefer, als wenn ich nur etwas an der Oberfläche kratze. Ich mache mich verletzlich, das ist wohl wahr. Aber ich kann auch erst so ganz im Inneren empfinden.

Haben Sie doch Mut, sich ganz auf etwas einzulassen! Wenn heute vieles einfach über uns hinwegfegt, dann setzen Sie doch bewusst etwas dagegen.

Sie werden selbst am besten wissen, was in Ihrem Leben Raum braucht und wofür Sie Feuer und Flamme sind. Lassen Sie es brennen!

**IMPULS FÜR DEN TAG:
HEUTE EINE KERZE ANZÜNDEN UND MIR ZEIT NEHMEN FÜR EINE HERZENSANGELEGENHEIT.**

19 DAS, WAS WIRKLICH ZÄHLT

Adel Tawil: Zuhause

Wo bin ich wirklich zu Hause? Und geht das heute überhaupt noch, in einer Welt, in der alles und jeder vernetzt, unterwegs, immer woanders ist?

Scheinbar wächst gerade in diesen Erfahrungen die Sehnsucht nach dem Zuhause. Im Bayerischen Fernsehen werden täglich Menschen in Kurzportraits gezeigt, die alle mit dem Satz schließen: »Ich bin der ... / die ...; und hier bin ich daheim!«

Für mich ist die Umgebung, in der ich lebe und wohne, unsere Nachbarschaft einfach Gold wert. Das wissen wir nicht zuletzt seit einem guten Jahr zu schätzen, in der neuen Umgebung, in der wir uns ein Haus gebaut haben. Die kurzen Gespräche am Gartenzaun oder einfach »auf der Gasse« sind sehr wertvoll, beeinflussen das Lebensgefühl den ganzen Tag über mit.

»Zuhause ist da, wo deine Freunde sind.« So einfach kann das sein. Zuhause ist also mehr als nur ein Ort, es ist auch ein Gefühl, eine Lebenserfahrung, eine Geborgenheit, die wir empfinden dürfen.

»Glaub' mir, irgendwann wird die Liebe regier'n«. Wenn ein Lied so anfängt, muss man doch einfach hellhörig werden, oder? »Komm wir bring'n die Welt zum Leuchten, egal woher du kommst. Zuhause ist da, wo deine Freunde sind. Hier ist die Liebe umsonst.«

Im Video zum Lied leuchtet wirklich sichtbar der Himmel, viele kleine Lichtpunkte lassen die Menschen staunend nach oben schauen. Schöne Spielerei, aber eigentlich fast noch zu wenig. Denn diese Liebe, dieses Akzeptiert-werden, um das es geht; und das umsonst zu haben ohne Vorleistung, ohne Bezahlung, das lässt sich eigentlich nicht angemessen sichtbar machen.

Menschen, die miteinander lachen, weinen, Leben teilen ... das wäre vielleicht so ein Bild gewesen. Denn Zuhause ist nicht nur High Life, nicht nur rosa Brille, nicht nur Wolke 7! Zuhause ist die Gewissheit, dass ich mein Leben nicht alleine bestreiten muss, sondern dass es – warum tut ihr das eigentlich? – Menschen gibt, die es mit mir teilen wollen. Nicht müssen, sondern wollen! Und ganz ehrlich: Es ist auch für mich schön, dass ich anderen dasselbe geben kann – Anteil nehmen an ihrem Leben.

IMPULS FÜR DEN TAG:
HEUTE DARÜBER NACHDENKEN, WAS MEINE ERFAHRUNG VON »ZUHAUSE« AUSMACHT.

20 ALLE FARBEN UND ALLE NARBEN, UND ALLES IST GUT

Sarah Connor:
Wie schön du bist

Sarah Connor singt endlich deutsch! Und schwimmt auf einer Erfolgswelle, die ihr absolut Recht gibt. Es macht sie echter, es passt zu ihr, man versteht auf einmal, was sie meint und glaubt ihr dabei jedes Wort.

Farben reimt sich auf Narben. Aber es geht hier um viel mehr als einen billigen Reim. »Ich seh' dich, mit all deinen Farben und deinen Narben.« Mit all den Facetten, die dich ausmachen, sehe ich dich an. Und so, wie du bist, so bist du in Ordnung. »Weißt du denn gar nicht, wie schön du bist?« Diese Schönheit, die eben nicht immer das Topmodel-Ideal sein muss, ist das, was so besonders ist. »Jeder Punkt in deinem Gesicht ist so perfekt, rein zufällig.« Sommersprossen, Muttermale ... es ist schön, wenn jemand zu mir sagt: Ich mag dich genau so.

Da ist aber noch mehr, die Bildersprache geht noch viel tiefer: Sehe ich in deinem Gesicht, hinter deinem äußerlichen Erscheinungsbild auch noch mehr: dein Wesen, deine Stärken und Schwächen, deine Verletztlichkeit? Das, was dich getroffen hat, hinterlässt seine Spuren. Wenn die Verletzungen wieder heilen, bleiben Narben auf deiner Seele zurück. Auch diese Narben sind ein Teil von dir. Ohne sie wärst du nicht der Mensch, den wir kennen und lieben.

Und sehe ich auch »all deine Farben«? Das, was dich leuchten und strahlen lässt, deine innere Freude, deine Heiterkeit, deinen Humor, deine Milde und Geduld, deine Wärme und Menschenliebe. All das, was dir Farbe gibt.

Alles zusammen macht dich aus: deine Narben und deine Farben.

Das klingt so einfach, so schön. Und vielleicht ist es doch gar nicht so leicht, vor allem nicht, sich seiner Narben nicht schämen zu müssen. Sie anzunehmen, mich anzunehmen ist der erste Schritt. Das Lied drückt aus, dass auf der anderen Seite meist irgendwo jemand wartet, der oder die dich genauso sieht, wie es Sarah Connor singt: »mit all deinen Farben und deinen Narben.« Und der dir sagt: »Weißt du denn gar nicht, wie schön du bist?«

IMPULS FÜR DEN TAG:
MIR HEUTE EINE MEINER »NARBEN« UND EINE MEINER »FARBEN« BEWUSST MACHEN.

21 DIE SUCHE NACH DEM, WAS BLEIBT

Christina Stürmer:
Was wirklich bleibt

Marie trippelt durch unser Wohnzimmer. Ich sitze draußen auf der Terrasse, schau' ihr durch die großen Fensterscheiben zu. Sie strahlt mich an, grinst bis über beide Ohren ... und gibt mir doch nie was von ihrem Keks ab!

Warum ich das gerade schreibe? Na wegen diesem Lied von der »Christl« aus Österreich. »Was wirklich bleibt?« Irgendwie hab ich das Gefühl, dass mich Marie da gerade ein Stück näher ran bringt. Die Tochter unserer Freunde, ein Lebenstraum der jungen Familie. Und sicher viel mehr das, was »wirklich bleibt«, als so manches andere, was in unserem Leben seinen Platz einnehmen will: meine Steuererklärung; meine gesammelten Kontoauszüge der letzten 20 Jahre; der volle CD-Schrank; das Auto vor dem Haus und sein ewiger Kampf mit dem Marder um die Ecke.

Was ist das, was wirklich bleibt? »Woran wirst du dich erinnern?« Bei der Rückschau geht der Blick »auf die Schatten und das Glück«. Und natürlich: »Wir haben nicht unendlich viel Zeit, sag mir was wirklich bleibt!«

Ach, wie wäre das schön, wenn wir nur auf das Glück schauen könnten. Aber auch die Schatten bleiben manchmal in Erinnerung, gerade dann, wenn sie unser Leben prägen.

Schatten und Licht; Trauer und Freude; das sind die Dinge, die wir miteinander teilen wollen; so sagt es jedenfalls die Kirche vor über 50 Jahren bei ihrem großen Treffen in Rom, dem Konzil.

Was für Sie und mich wirklich bleibt, ist sicher ganz verschieden. Wichtig ist, dass beides seinen Raum hat. Schweres und Leichtes prägen unseren Weg. »Was hat uns hierher gebracht, was hat uns zu uns gemacht?«, fragt Christina Stürmer. Was uns ausmacht sind also nicht nur unser Name oder unser Erscheinungsbild, sondern eben auch die Fülle dessen, was wir erleben durften und auch erleben mussten. Manche mögen denken: ... was ich durchleben, durchstehen musste! Ja, auch ich kenne das.

Was wirklich bleibt, sollte sich nicht auf Steuererklärung und Kontoauszüge beschränken müssen. Marie, quietschvergnügt und lebendig, ist ein kleines Wunder. Eines, das wirklich bleibt!

IMPULS FÜR DEN TAG:
HEUTE DARÜBER NACHDENKEN, WAS IN MEINEM LEBEN WIRKLICH BLEIBT.

22 EWIG LEBEN HAT NICHTS MIT SCHOPPEN ZU TUN

Peter Maffay: Ewig

»Randersackerer Ewig Leben« ist mir allein vom Namen her mit Abstand der liebste Wein, den es im ganzen Frankenland gibt. Ich fürchte nur, er hält trotzdem nicht, was er so vollmundig im Geschmack und natürlich im Namen verspricht.

Für immer und ewig – auf den ersten Blick scheinbar das Gleiche. Aber natürlich nur auf den ersten Blick.

Als Ute vor einiger Zeit starb, war dieses Lied, das sie und Gerd verbunden hatte, der Knotenpunkt für die Predigt beim Requiem. Das »für immer« geht hier auf Erden nicht. Glücklich, wer darüber hinaus auch noch das »ewig« versprochen hat. Oder vielmehr, wer auch noch diese Dimension in sich trägt, im Glauben, in der Hoffnung und in der Liebe.

Wenn ich mich nur am »für immer« festhalten wollte, wie könnte das gehen? Ich weiß doch, dass es das nicht gibt. Im besten Fall gibt es für mich / für uns ein »für lange Zeit«. Einen Menschen im Leben zu haben, der mir sagt: »Ich schwör' dir, du wirst mir nie zu wenig«: Was ist das für ein Reichtum, unbezahlbar! Einen Menschen haben, der mir das zusagt. Oder auch viele Menschen, die mir diese Wertschätzung entgegenbringen: Du wirst mir nie zu wenig ... nie zu wenig spannend oder zu wenig hipp; nie zu wenig attraktiv oder zu wenig schlank; nie zu wenig schön oder zu wenig was auch immer; du bist mir stets genug.

Ewig – das ist der Moment, der auch in diesem Buch, in den Liedern unserer Zeit immer wieder und erstaunlich oft auftaucht. Diese Sehnsucht, vielleicht auch diese Vorahnung ist scheinbar ganz tief in uns drinnen. Und sie ist alles andere als verstaubt und von gestern. Sie ist heute vielleicht aktueller denn je. Ob wir sie mit einem echt erfahrbaren Gott zusammenbringen? Weihnachten spricht eigentlich genau davon: unvorstellbar, dass das Gott sein soll ... und doch nicht unmöglich, oder? Unerhört, dass dieses kleine Kind, dieser Quäker und Quengler in der Krippe Gott sein soll. Und doch so unerhört, dass es eigentlich gar nicht anders sein kann; dass wir dieser Botschaft, dieser Erfahrung von vor 2000 Jahren noch heute trauen können.

**IMPULS FÜR DEN TAG:
HEUTE DARÜBER NACHDENKEN, WAS ICH DIESEM JESUSKIND AN WEIHNACHTEN SAGEN MÖCHTE.**

23 MIT DEN AUGEN EINES KINDES SEHEN ...

Reamonn: Through the eyes of a child

Nicht immer sind Liedtexte ganz eindeutig zu verstehen. Das ist auch beim Lied der Gruppe »Reamonn« so, das uns dann doch schon ganz nahe an Weihnachten heran bringt.

Aber der Reihe nach: Rea Garvey kam aus Irland nach Deutschland und setzte (kein Witz!) eine Annonce in die Zeitung: »Irischer Sänger sucht Musiker zur Gründung einer Band«. Und es wird der Beginn einer echten Erfolgsgeschichte!

Ich habe Rea bei einem Besuch in Mannheim einmal getroffen: ein ruhiger, wirklich sympathischer Mensch. Und so sympathisch singt er dann auch. »Warum machen wir es uns so schwer? Dieses Leben ist sooo kompliziert, bis wir es (endlich mal) durch die Augen eines Kindes sehen!« Da hat er sicher nicht unrecht. Aus Kindersicht wäre manches leichter, mancher Stress, manches Gehabe der Erwachsenen würde einfach wegfallen.

Aber wen meint Rea Garvey? »Ich kenn' dich. Ich hab' dein Gesicht schon mal gesehen. Du hast mich zu dieser offenen Tür gebracht; ich hab' Angst, durchzugehen. Bitte nimm' meine Hand!« Welche offene Tür? Wo führt sie hin? Und vor allem welches Kind?

Ich muss bei diesem Song immer an Weihnachten denken. Ich stell' mir vor, Rea Garvey singt heimlich vom Kind Jesus. Und dann bin ich mitten drin im Lied: Lasse ich mich auch an der Hand nehmen? Was ist diese Tür, vor der ich Angst hab'? Vielleicht ist es die Angst, die Scheu, sich dem einfach anzuvertrauen; zu glauben, dass Gott für mich da ist. Näher als dass er Mensch wird, kann er uns Menschen nun wirklich nicht kommen.

Ist die Tür der Schritt in eine andere Lebenswelt? Lebe ich anders, weil es Weihnachten gibt; und in der Folge auch Ostern (Auferstehung); Pfingsten (Begeisterung)? Ein bisschen staunen können wie ein Kind, ein bisschen vertrauen, genießen können wie ein Kind. Es wäre einfach so schön, wenn wir das als Erwachsene nicht ganz verlernen würden. Und ein bisschen sich fallen lassen können wie ein Kind, das darauf vertraut, dass es schon jemand auffangen wird. Das wäre doch was!

**IMPULS FÜR DEN TAG:
HEUTE DEN TAG MIT KINDLICHEM GOTTVERTRAUEN ANGEHEN.**

24 HALLO, WER SPRICHT DA? ES IST SOWEIT …

Frida Gold: Liebe ist meine Rebellion

Ist es die Sängerin, die das sagt, oder passt es nicht auch hervorragend, wenn wir es heute, an Heiligabend, dem Herrgott selbst in den Mund legen dürfen: »Liebe ist meine Rebellion!«

Jawohl, mit Liebe stellt er alles auf den Kopf. Mit einer Liebe, die so groß ist, dass sie alles kleinkarierte Zählen von Fehlern und Vergehen einfach von der anderen Seite angeht: schau' den Anderen mal mit Liebe an, und es geht ganz anders zu.

»Liebe ist meine Religion«, singt Frida Gold sogar weiter. Liebe ist meine Rück-bindung (lat. Re-ligio) an Gott. Das stellt wirklich alles auf den Kopf, nicht nur im bis dahin eher beschaulichen Leben der kleinen Familie von Maria und Josef. »Und ich bin dem Himmel so nah!« Ja, das kann man wohl sagen: So nah wie heute sind wir dem Himmel nicht alle Tage! Es gibt nur diese eine Antwort auf das, was wir an Hass, Streit, Neid, Reibereien und allzu menschlichem Kleingeist erleben: »Liebe ist meine Rebellion!«

Eine Revolution der Liebe legt uns Papst Franziskus ans Herz. Er ist genau auf Kurs! Nun liegt es an uns, was wir daraus machen. Lassen wir es wie so oft bei den Oberflächlichkeiten, beim »lieben Jesulein«, das in den vielfältigsten Weisen verkitscht und vermarktet wird, um zum Fest den Umsatz anzukurbeln? Oder aber ist dieses Weihnachtsfest ein Teil unseres Lebens, unserer gesamten Lebenseinstellung, der unser Verhalten prägt, jeden Tag neu?

Und dann auch weit über dieses Weihnachtsfest hinaus. Leben wir doch jeden Tag aus diesem weihnachtlichen Gefühl, in den nächsten Tagen und Wochen, im neuen Jahr. Auch wenn es jeden Tag wieder eine Herausforderung ist: In den meisten Fällen werden wir mit dieser Revolution der Liebe wirklich etwas verändern und bewegen.

Es ist aber – da muss ich Sie warnen – sicher ein Wagnis! Nicht alle werden das so sehen wie wir. Die Hau-drauf-Mentalität wird sich immer wieder dagegen stemmen.

Und trotzdem ist es das wert: »Liebe ist meine Rebellion!«

IMPULS FÜR DIE NÄCHSTEN TAGE: VON HERZEN WEIHNACHTEN FEIERN!

»PLAYLIST«

1 *Die Toten Hosen:* Tage wie diese
2 *U2:* I still haven't found what I'm looking for
3 *Xavier Naidoo:* Nicht von dieser Welt
4 *Max Herre feat. Philipp Poisel:* Wolke 7
5 *Glasperlenspiel:* Echt
6 *Swedish House Mafia:* Don't you worry child
7 *Tim Bendzko:* Nur noch kurz die Welt retten
8 *Roger Cicero:* In diesem Moment
9 *Nickelback:* What are you waiting for?
10 *Andreas Bourani:* Auf uns
11 *Genetikk:* Wünsch dir was
12 *Alexa Feser:* Das Gold von morgen
13 *Söhne Mannheims:* Vielleicht
14 *Miley Cyrus:* Wrecking Ball
15 *Silbermond:* Himmel auf
16 *Unheilig:* Geboren, um zu Leben
17 *Sido feat. Mark Forster:* Einer dieser Steine
18 *James Blunt:* Bonfire Heart
19 *Adel Tawil:* Zuhause
20 *Sarah Connor:* Wie schön du bist
21 *Christina Stürmer:* Was wirklich bleibt
22 *Peter Maffay:* Ewig
23 *Reamonn:* Through the eyes of a child
24 *Frida Gold:* Liebe ist meine Rebellion

20

TAGE WIE DIESE ...

... sind einfach besonders. Sich auf die Suche machen nach *Dingen, die ich noch nicht gefunden habe;* nach Erfahrungen, die einfach *Nicht von dieser Welt* zu sein scheinen. Mein Leben findet nicht auf *Wolke 7* statt, das wäre auch gar nicht auszuhalten. Aber Erlebnisse, die *Echt* sind, die wünsche ich Ihnen auf jeden Fall, denn sie machen das Leben lebenswert.

Keine Angst, mein Kind – das haben vielleicht schon meine Eltern zu mir gesagt. Und als ich dann meine eigenen Erfahrungen machen wollte, auszog, um *Nur noch kurz die Welt zu retten,* genau *In diesem Moment* lief es dann doch so oft ganz anders, als ich es mir erdacht habe. *What are you waiting for* – Worauf warte ich eigentlich in meinem Leben? Sind es die »*Auf uns*«-Momente? Sind es die besonderen »*Wünsch dir was*«-Augenblicke, nach denen ich mich sehne?

Das Gold von morgen – wo liegt es verborgen? *Vielleicht* ja ganz nah, in meinem ganz alltäglichen Leben. Ich brauche nicht wie eine *Abrissbirne* daherzupoltern. Da, wo ich geh und steh, mitten in meinem Leben reißt einer den *Himmel auf.* Ja, ich glaube, ich bin *Geboren um zu leben* mit den Wundern dieser Zeit. Vielleicht fühle ich mich manchmal wie *Einer dieser Steine*, unbedeutend und wertlos, schon möglich. Aber tief in mir drin brennt ein *Herz wie ein Lagerfeuer.*

Zuhause sein dürfen, anderen sagen können: »*Wie schön du bist!*« Und im Laufe der Zeit ein Gespür dafür zu bekommen, *Was wirklich bleibt*. Ewig ist eine Dimension, die ich im Leben nicht erreichen werde. Aber eine Vorahnung davon, die kann ich schon hier und jetzt spüren. Meine kleine Welt staunend annehmen, sie wie *Durch die Augen eines Kindes* ansehen. Und so von Herzen eine Beziehung aufbauen zu dem, der mir an Weihnachten sagt: *Liebe ist meine Rebellion!*

Bildnachweis:
Umschlagmotiv: © complize/photocase.com
Innenteil: Seite 2 © sunfun/shutterstock.com, Vorwort © complize/photocase.com, Tag 1 © knallgrün/photocase.com, Tag 2 © kallejipp/photocase.com, Tag 3 © suze/photocase.com, Tag 4 © EzraPortent/photocase.com, Tag 5 © ty-ra/photocase.com, Tag 6 © designer111/photocase.com, Tag 7 © kallejipp/photocase.com, Tag 8 © Enrico Bortoluzzi/shutterstock.com, Tag 9 © Lise_Noergel/photocase.com, Tag 10 © aremac/photocase.com, Tag 11 © suze/photocase.com, Tag 12 © wronge57/photocase.com, Tag 13 © Franziska Fiolka/photocase.com, Tag 14 © Kostov/shutterstock.com, Tag 15 © Sea Wave/shutterstock.com, Tag 16 © photögraphy/photocase.com, Tag 17 © repbone/shutterstock.com, Tag 18 © mongione/shutterstock.com, Tag 19 © Thomas Berthge/shutterstock.com, Tag 20 © Stylus photo/shutterstock.com, Tag 21 © file404/shutterstock.com, Tag 22 © igorwheeler/shutterstock.com, Tag 23 © hasselblad15/photocase.com, Tag 24 © Creative Travel Projects/shutterstock.com

Bibliografische Information der Deutschen Bibliothek
Die Deutsche Nationalbibliothek verzeichnet diese Publikation in der Deutschen Nationalbibliografie; detaillierte bibliografische Daten sind im Internet über <http://dnb.d-nb.de> abrufbar.

www.echter-verlag.de

2. Auflage 2015

Umschlag und Gestaltung: wunderlichundweigand
Druck und Bindung: Friedrich Pustet, Regensburg

ISBN 978-3-429-03841-0